Inhalt

Multi-Channel-CRM

Kernthesen

Beitrag

Fallbeispiele

Weiterführende Literatur

Impressum

Multi-Channel-CRM

E. Krug

Kernthesen

- Multi-Channel-CRM findet hier in Deutschland zwar die notwendige Akzeptanz, wird aber zurzeit nur bedingt realisiert. (1)
- Bei der Auswahl der Channel sollte für ein Unternehmen nicht der günstigste Kanal, sondern die "ganzheitliche Kundenansprache" im Vordergrund stehen. (2), (3)
- Das Internet wird im Rahmen von Multi-Channel-CRM zunehmend eine Schlüsselrolle spielen. (3)

Beitrag

Multi-Channel-Commerce, Multi-Channel-Retailing, Multi-Channel-Marketing etc., Begriffe, die bekannt, in ihrer Vielfalt aber oft verwirrend sind. Zur Zeit taucht immer häufiger der Begriff Multi-Channel-CRM auf. Im Prinzip ist Multi-Channel-CRM nur ein weiterer Begriff für Multi-Channel-Commerce. Beide Begriffe definieren sich über die Kommunikation zwischen Unternehmen und Kunden, die im direkten Kontakt über mehrere Vertriebskanäle erfolgt, wie z. B. Telefon, Fax, Brief, Mobiltelefon, E-Mail oder Internet. Die Marketing- und Vertriebsaktionen laufen über Multi-Channel-Systeme, unterstützt von Multi-Channel-Stategien, ab. [(2)](), [(3)]() Im aktuellen Rahmen von Customer-Relationship-Management (CRM), hebt der Ausdruck Multi-Channel-CRM besonders die Kundenbeziehung und -pflege über mehrere Medien hervor. [(3)]()

Aktuelle Situation

In Deutschland setzen nur 50 Prozent der Händler Multi-Channel-CRM- Lösungen ein, während in Frankreich 57 Prozent der Händler und in Großbritannien sogar 67 Prozent diese Lösung nutzen.

Obwohl sie es noch nicht vollständig realisiert haben,

so haben die deutschen Händler doch die Notwendigkeit von Multi-Channel-CRM erkannt, denn ein Großteil sieht die Zukunft in der Kundenbindung und Kundenpflege über mehrere Vertriebskanäle. (1)

Neue Herausforderungen an Marketing und Vertrieb

Es ist keine Neuigkeit, dass eine gute Kundenbeziehung nicht allein durch den Kauf entsteht, sondern ein Prozess ist, der sich von der Vorverkaufsphase bis zur späten Reparatur hinzieht. Dieser läuft beim Multi-Channel-CRM über sämtliche verfügbaren Medien ab. (3)

So ist es sehr wichtig, die verschiedenen Kanäle zu synchronisieren, sprich z. B. Online- und Offline-Daten der Kunden nicht getrennt voneinander zu archivieren, um den Verlust wichtiger Informationen so niedrig wie möglich zu halten. Eine sorgfältig geführte Kundendatei dient als Basis für ein funktionierendes CRM.

Auch der Kunde will sich nicht jedesmal bei der Auswahl eines anderen Kanals neu identifizieren müssen. Die Anforderungen des Kunden sind ziemlich hoch, da er von jedem einzelnen Medium den gleichen Service erwartet. (2)

Bewährte Medien und die Schlüsselrolle Internet

Als bewährter Kommunikationskanal ist dem Konsumenten sicherlich am meisten das Telefon vertraut. Gerade aufgrund dieser Vertrautheit ist es sinnvoll, das Telefon nach wie vor als wichtigen Bestandteil von Multi-Channel-CRM zu betrachten. Ebenso sollten auch immer wieder, trotz des enormen technischen Fortschritts, ausgefallene Prospekte oder ungewöhnliche Anzeigen dem Kunden angeboten werden. (3)

Dennoch kommt in der heutigen Zeit vor allem dem Online-Kontakt eine entscheidende Rolle zu. Obwohl momentan nur 15-20 Prozent der deutschen Bevölkerung, aus unterschiedlichen Gründen, dazu bereit sind, E-Mail zu verwenden, wird diese Art der Kommunikation immer weiter zunehmen. Das Internet kann bereits heute schon eine "Schlüsselrolle" spielen. Mit einem sehr guten, aber einfachen Angebot der Kontaktaufnahme auf einer Homepage sollte dem potenziellen Kunden die Nutzung dieses Channels so bequem wie möglich gemacht werden. Für Multi-Channel-CRM die optimale Möglichkeit, Kundendateien zu pflegen. Vor allem in der Vorverkaufsphase spielt das Internet zur Informationsgewinnung eine bedeutende Rolle. (3)

Von den Kunden wird der direkte Kontakt bevorzugt, gefolgt von Telefon und Website auf Platz zwei und drei. 85 Prozent der deutschen Konsumenten nutzen drei oder mehr Kommunikationsmöglichkeiten. (3)

Problematik

Durch die vielen Vertriebskanäle und Kommunikationsmöglichkeiten zwischen Verkäufer und Käufer wird es für die Marktforschung immer schwieriger, das Kaufverhalten zu messen. Es sind über telefonische Bestellungen hinaus, z. B. Informationen über Internet-Aktivitäten oder Informationen über Käufe mit Kundenkarten miteinzubeziehen. Nicht ganz einfach, da die getrennt erhobenen Daten in einer Analyse zusammengeführt werden müssen. (2)

Durch die Vielfältigkeit der Kommunikationsmöglichkeiten kann schon mal ein "geschicktes Aufteilen der Kundenkommunikation auf kostengünstige Kanäle" erfolgen. Eine Gefahr, die nicht zu unterschätzen ist, da dadurch treue Kunden abgeschreckt werden könnten. Es sollte vielmehr bei der Auswahl der Medien immer die "ganzheitliche Kundenansprache" im Vordergrund stehen, nicht die kostengünstigste Art der Kommunikation. (2), (3)

Fallbeispiele

Befragung im Bereich Multi-Channel-CRM

Wie pflegt der Handel seine Kunden?
Vor diesem Hintergrund hat Blue Martini Software, Anbieter von kundenorientierten CRM-Applikationen, eine Befragung von 150 Führungskräften aus den Bereichen E-Commerce, E-Business und Marketing in mehr als 150 Warenhäusern, im Lebensmitteleinzelhandel und im Fachhandel durchgeführt. Mithilfe dieser Befragung hat das Unternehmen den Multi-Channel-CRM-Einsatz in Deutschland, Frankreich und Großbritannien analysiert. Unter anderem

kristallisierte sich heraus, dass die Unternehmen zwar Transaktionsdaten über mehrere Kanäle sammeln (z. B. Internet, Call-Center, POS) diese aber nicht zusammenführen und in Verbindung nutzen. (vgl. Description, Problematik) (1)

Beispiel für Internet als Schlüsselrolle

OmniTouch Contact Center (Anbieter: Alcatel / Genesys):

Der Kunde wählt per Mausklick aus zwischen
- E-Mail schreiben
- mit einem Service-Mitarbeiter chatten
- zurückgerufen zu werden
Alle Daten werden dann von dem Unternehmen auf einer Interaktionsplattform gesammelt. Diese stellt den Agenten die benötigten Kundeninformationen und die "Kontakthistorie" zur Verfügung. So kann dem Kunden mit einer persönlichen Anrede geantwortet werden und sofort auf sein Anliegen zielgerichtet eingegangen werden. (3)

Beispiel für Multi-Channel-Unternehmen

Textildiscounter Bonprix (Tochterunternehmen von Otto):

Drei Vertriebskanäle:
- Klassisches Versandgeschäft,
- 10 stationäre Bonprix-Filialen,
- Internet-Shop seit 1997

1999 wurde mit der Dokumentation von Erfolgs- und Positionsdaten begonnen, um den Web-Verkauf zu analysieren.
Mit Hilfe eines entsprechenden technischen Tools fließen sowohl Angebotsdaten als auch Erfolgsinformationen aus dem Online-Shop und der Warenwirtschaft in das Shop Management mit ein. So ist eine "umfassende Steuerung möglich". (5)

Karstadt-Quelle New Media:

Das Unternehmen setzt im Rahmen seiner Multi-Channel-Strategie auf TV-Commerce als wichtigen Bestandteil.

Bisherige Erfahrungen auf dem TV-Sektor:
"WOM-Music-Shop" auf MTV
"Multimedia-Shop" auf NBC-Giga
"Quelle-Show" auf Homeshopping Europe
In Vorbereitung:
Ein gemeinsames Unternehmen von Karstadt-Quelle mit Tele 5 im Bereich Reisefernsehen mit redaktionellen Formaten und Shopping-Sendungen.
(6)

Weiterführende Literatur

(1) Handel hinkt hierzulande hinterher
aus Lebensmittel Zeitung 36 vom 06.09.2002 Seite 062

(2) Multi Channel Commerce - Herausforderung für Vertrieb und Marketing (Teil 2)
aus Direkt Marketing, Heft 9/2002, S. 52-58

(3) Richtige Kundenansprache über mehrere Kommunikationskanäle - Service für Channel-Hopper
aus is report, Heft 10/2002, S. 42-45

(4) Telefon wird zum Schlüssel für den Kundenkontakt Automatisierung soll die Flut der Anfragen bewältigen helfen " Betreuung übers Internet noch wenig gefragt
aus FTD Financial Times Deutschland vom 01.10.2002, Seite BE4

(5) Neues Shop-Management bei Bonprix
aus Lebensmittel Zeitung 36 vom 06.09.2002 Seite 028

(6) Handelsexperte auf TV-Reise
aus HORIZONT 34 vom 22.08.2002 Seite 010

Impressum

Multi-Channel-CRM

Bibliografische Information der deutschen Nationalbibliothek

Die Deutsche Nationalbibliothek verzeichnet diese Publikation in der deutschen Nationalbibliografie; detaillierte bibliografische Daten sind im Internet über http://dnb.d-nb.de abrufbar.

ISBN: 978-3-7379-0685-2

© 2015 GBI-Genios Deutsche Wirtschaftsdatenbank GmbH, Freischützstraße 96, 81927 München, www.genios.de

Alle Rechte vorbehalten. Dieses Werk ist einschließlich aller seiner Teile – z.B. Texte, Tabellen und Grafiken - urheberrechtlich geschützt. Jede Verwertung außerhalb der Grenzen des Urheberrechtsgesetzes bedarf der vorherigen Zustimmung des Verlags. Dies gilt insbesondere auch für auszugsweise Nachdrucke, fotomechanische Vervielfältigungen (Fotokopie/Mikroskopie), Übersetzungen, Auswertungen durch Datenbanken oder ähnliche Einrichtungen und die Einspeicherung und Verarbeitung in elektronischen Systemen.